O LIVRO

"Uma mudança de vida"

EMILIO GOMES MARTINS

DEDICATÓRIA

A Deus, pelo Dom da vida, minha esposa,
Eliam Gomes e minha mãe, Maria Gomes,
obrigado por sempre incentivarem, lutarem e
acreditarem no sucesso da minha carreira.

CONTEÚDO

AGRADECIMENTOS

Primeiramente a Deus por estar ao meu lado me capacitando e sustentando em todos os momentos da minha vida; À minha esposa, Eliam Gomes, por todos os momentos, na alegria e na tristeza, sendo fundamental para minha carreira profissional e estudantil.

1 **INTRODUÇÃO**

Falar sobre determinado livro permite divulgar a obra de um autor(a) ou mesmo de autores(as). Partimos do princípio de que um livro permite revelar segredos, descrever histórias, transmitir conhecimentos, listar conteúdo, tratar pessoas, dentre outros. E, por que não dizer, *mudar a vida de uma pessoa*, no sentido de deixá-la livre? Esse questionamento se destaca pela complexidade da questão, ato que transcende a natureza humana.

Permita-me dizer que nossa vida é um livro. Que coisa mais clichê, não é mesmo? De modo geral, a nossa história está estampada na vivência do dia após dia através de ações voluntárias ou involuntárias, em decisões e atitudes, de maneira que muitas vezes as ações ficam explícitas a quem nos rodeia.

Nossos pais, mesmo aqueles que não foram revelados aos filhos por ocasião de falecimento ou abandono, deixaram uma história. Essas histórias, por sua vez, podem ser boas e/ou ruins.

Se colocarmos os relatos de nossos pais em um conjunto de folhas de papel, serão revelados segredos, alegria, tristeza, dificuldade, sucesso, decepção e frustração, conhecimento, dentre outros.

Pense comigo: se sua vida estivesse descrita em folhas de papel, como de um livro, o que causaria nas pessoas quando estas se deparassem com o conteúdo de tais páginas?

Há muitas maneiras de se interpretar uma história, basta ela ser registrada em vídeo, CD, áudio ou testemunhada por pessoas, especialmente por intermédio de um livro. O livro preserva povos, culturas, nações e suas tradições, proporcionando ao leitor aquilo que é de mais precioso: a *revelação*.

Revelação é o ponto chave da questão, é a possibilidade de divulgar um segredo ou confidenciar algo. Para tanto, torna-se relevante discorrer sobre o tema principal deste relato, "O Livro que mudou minha vida".

Diante do que foi exposto, quero compartilhar como se revelou esse segredo marcante.

2 **CAPÍTULO I**

Breve histórico

Nasci no Rio de Janeiro - RJ, em 10 de dezembro de 1973. Sou de origem familiar humilde de uma das comunidades do Rio de Janeiro, mais precisamente em Vila Sarapui - Duque de Caxias. Filho de pais músicos, sendo a mãe cantora lírica, profissão diarista, e o pai clarinetista aposentado por invalidez parcial. Ambos tiveram mais três filhos: uma menina e dois meninos.

Com uma infância complicada, tanto no que se refere a educação escolar quanto pela falta de alimentação para sobreviver, ficava mais complexo vislumbrar alguma possibilidade de um futuro brilhante. Devido ao fato de ter uma criação com ensinamentos rígidos por pais religiosos superprotetores, seguia o destino em meio a uma vida cheia de esperança, mas também de extremas dificuldades, realidade vivenciada por muitas famílias de comunidades espalhadas pelo Brasil e pelo mundo.

Momento marcante foi aos quinze anos de idade, em que enxergava melhor as dificuldades enfrentadas pela família. Assim, solicitei à matriarca da família - a senhora minha mãe -, que me ajudasse a procurar um trabalho, mesmo que não tivesse terminado o oitavo ano do ensino fundamental. A princípio ela ponderou e não aceitou o pedido, logo, minha insistência mudou essa decisão. A partir daquele momento, tive certeza de que tudo iria mudar. Sonhos se revelaram e notei que estes poderiam ser concretizados.

Em momentos como esse, a maioria de nós inseridos nesse contexto social, à margem da sociedade, apostamos num futuro com a perspectiva de amenizar o sofrimento, muitas vezes sem a mudança de vida que realmente pretendemos.

Certamente a mudança de vida está na esperança de algo bem maior. Muitos dizem que está no dinheiro, outros no estudo (educação), outros na vida espiritual, dentre outras afirmações. Sabemos que essas afirmações são verdadeiras e realmente mudam a vida de uma pessoa, cada uma em seu contexto, mas não de maneira plena.

Cabe salientar que cada indivíduo dentro de sua faixa etária e classe social tem opiniões diversas quanto a mudança de vida. Por exemplo, um menino criado na comunidade presencia no chefe do tráfico uma vida melhor que a dele para que realmente enxergue mudança de vida. Presencia nesse contexto casa de luxo no alto ou centro da comunidade, motos importadas, cordões de ouro, joias, carros do ano, armamento etc. Vê nesse estilo de vida, com constante admiração, um caminho para mudança de vida. Entendemos que essa mudança de vida é arriscada e dura pouco tempo. Foi através desse exemplo, por eu morar em várias comunidades, que meus pais superprotetores vendavam meus olhos para que eu não seguisse por esse caminho.

Em 1986, comecei o primeiro trabalho em uma oficina mecânica. Sem ter conhecimento, acompanhava com os olhos fitos nas ações do mecânico que consertava um dos carros e tinha certeza de que algo ali despertaria em mim um futuro para mudança de vida. Conheci vários tipos de ferramentas que são utilizadas para conserto de um carro, mas não tive a oportunidade de atuar nessa atividade. Além disso, o dinheiro que ganhava por semana só dava para o lanche.

Após um mês de trabalho verifiquei que não era o que esperava: ganhar dinheiro e aprender uma profissão. Aproximadamente duas semanas após ter saído da oficina mecânica, comecei a trabalhar em uma banca de jornal. Aprendi que a vida de quem trabalha em uma banca de jornal, naquele tempo, começava muito cedo, às cinco horas da manhã. Nessa banca só eram vendidos jornais e nada mais. Encontrei nesse trabalho uma forma de olhar o mundo de maneira diferente, acompanhando as notícias estampadas nas capas dos jornais. Que surpresa! Só tragédia! Mas as páginas de dentro de um dos jornais apresentavam diversos anúncios de empregos, e um desses anúncios me chamou a atenção: eram vagas de office boy.

Office boy era uma profissão muito conhecida nos anos 80. Trata-se de um cargo geralmente atrelado ao primeiro emprego que fazia com que muitos jovens tivessem a oportunidade de encarar as dificuldades da vida adulta, aprendendo e adquirindo mais responsabilidades, já que transportavam documentos, procurações e até mesmo valores em dinheiro e ainda começavam a planejar o futuro, fosse dentro ou fora da empresa.

Era tudo o que eu planejava, mas só ficou na memória. Não durou muito tempo. No mesmo ano, saí do trabalho da banca de jornal e comecei a trabalhar em uma loja de material de construção. Nesse aprendi a lidar com o público e a conhecer os diversos materiais específicos para a construção e reparo de imóveis. Porém, não foi esse trabalho que despertou em mim a grande sacada de mudança de vida.

Com a influência da família na área musical, saí do trabalho da loja de material de construção e comecei a dar os primeiros passos na difícil arte de aprender música. Começou despertar em mim algo que nunca tinha imaginado: conhecer o poder que a música tem de mexer e penetrar nos próprios sentimentos de quem produz a música e daqueles que a apreciam. Algo revelador estava nas entrelinhas dos ensinamentos do meu primeiro professor, pedreiro de profissão e professor de música por opção, conhecido por muitos no Rio de Janeiro – RJ como Clovis.

Com a ajuda do professor Clovis, desfrutei de uma habilidade sustentada através de dedicados estudos que chegavam a durar oito horas diárias durante sete dias da semana no instrumento musical. Após dois anos de intenso estudo, percebi que compor era algo bem mais prazeroso, tendo em vista que escutar outros executarem algo construído por mim me completaria musicalmente.

Diante deste cenário, percebi que algo estava mudando, mas isso não me tirava da vida humilde, com as dificuldades mencionadas anteriormente. No entanto, me alegrava, pois percebia que dentro de mim havia uma certeza daquilo que esperava: mudar de vida. Sentia que estava bem perto. Ciente de que estatisticamente na comunidade boa parte do histórico de família humilde não se espera um futuro brilhante. Mas, em muitos, casos a situação é diferente. Com amadurecimento entendemos que a vida é feita de escolhas e estas devem ser feitas com sabedoria, determinação e vontade.

Aos dezenove anos de idade, concretizou-se a minha primeira conquista, que culminou com a aprovação no primeiro concurso realizado como músico. Esse concurso me possibilitou garantir um futuro com estabilidade em uma instituição federal brasileira. Na época, para a grande maioria dos jovens religiosos de família humilde, após alcançar estabilidade num emprego, o próximo passo era o casamento, e comigo não foi diferente: contraí matrimônio quatro meses após conhecer uma jovem. com quem tive um casal de filhos. Com apenas quatro meses de convivência antes do casamento, é possível imaginar como era a vida de casado: muitas turbulências e desgastes no relacionamento familiar. No entanto, não quero ir adiante sobre esse assunto.

Aos vinte anos de idade concretizou-se minha segunda conquista, que culminou na aprovação em um segundo concurso realizado como músico, na mesma instituição federal.

Em 1995, aos vinte e dois anos de idade, concretizou-se minha terceira conquista, culminando na aprovação no terceiro concurso realizado como músico, na mesma instituição federal. Com a convivência e experiência profissional e seguindo os exemplos e conselhos de grandes amigos na instituição, dei seguimento aos estudos. Assim, aos vinte e cinco anos de idade concluí o ensino médio. Os anos se passaram e fui aprovado em mais três concursos como músico, na mesma instituição federal. No último, tive a felicidade de concluir em primeiro lugar o Curso de Especialização em Mestre de Música.

Um ponto importante a destacar é que papai, frustrado pela falta de decisões diante do surgimento de oportunidades para melhorar suas condições de vida, sempre dizia: "nunca perca as oportunidades, estude e esteja sempre preparado, não faça como eu...", "...tome sempre suas decisões, se você não tomar outros decidem e tomam por você". Isso ficou armazenado na minha memória e impulsionou a perspectiva de minhas ações para mudar de vida. A primeira fala de papai consegui aplicar a contento. A segunda, porém, demorei um pouco para aplicar e, por isso, meu primeiro casamento findou depois de aproximadamente dezessete anos.

Aos trinta e sete anos de idade decidi ser

professor de música com formação acadêmica, então cursei um ano de Licenciatura em Música no Instituto Brasileiro de Educação Superior Continuada, sediado em São João de Meriti - Rio de Janeiro - RJ, em 2010 e quatro anos na Universidade de Brasília, em Brasília - DF, entre 2011 e 2014.

Em 2016, realizei um curso de pós-graduação em Docência na Educação Superior pelo Centro Universitário Claretiano em Boa Vista – RR. No mesmo ano, fui aprovado em terceiro lugar geral no processo seletivo para ingresso no Mestrado em Letras, linha 2 - (Literatura, Arte e Cultura Regional) na Universidade Federal de Roraima em Boa Vista – RR. Concluí o mestrado em quatro de abril de 2019 com a apresentação do trabalho intitulado *Erenkon: um estudo da estrutura composicional parixara e macuxi dos povos indígenas Taurepang e Makuxi.*

Atualmente, exerço a função de professor/monitor em uma das organizações de ensino superior da instituição federal para a qual prestei o primeiro concurso, aos dezenove anos de idade.

Cabe salientar que em 2011 me deparei com um livro revelador que, embora eu já conhecesse, nunca havia parado para analisar com atenção. Esse livro me permitiu enxergar algo bem maior, que transcende a natureza humana. Já ouvira falar sobre grande parte do que está escrito na obra em questão, mas, em 2011, esse mesmo livro despertou em mim a curiosidade de enxergar com os meus próprios olhos e ter minha própria experiência, que relato a seguir.

3 **CAPÍTULO II**

O livro e seus efeitos

Imagine comigo: como um livro pode mudar a vida de uma pessoa? Como se permitir deixá-lo influenciar para mudança de vida? De que maneira entender esse processo? Certamente não é qualquer livro, afinal, o conteúdo descrito precisa ter a perspectiva de possibilitar mudança, sendo um pressuposto objetivado nele.

Quero destacar que o livro que mudou minha vida me permitiu desfrutar de forma humanística e acima do conhecimento humano algo que transcende toda literatura espalhada no mundo inteiro. Retrata o ser humano com todas as suas potencialidades e limitações, incluindo sua degeneração extrema. Em especial, retrata o testemunho de vida de um personagem que deixou um legado inspirador, útil para o ensino, para a educação na justiça, para repreensão, para correção, no qual temos a oportunidade de enxergar algo bem maior. Essa evidência é testificada pelo personagem principal do livro, a partir de quem o tempo se dividiu entre passado e futuro.

A mudança de vida foi para mim um ato

de firme convicção e, sobretudo, de coragem. Permitiu-me encarar minhas ações com transparência e verdade. Morrer é a palavra ideal para exprimir a mudança. Mas como assim, se ainda vivo? Não existe mágica, nem uma fórmula qualquer, apenas decidi crer, através do que vi com os meus próprios olhos, os relatos testificados sobre um personagem no livro, e experimentei algo que nunca imaginei ser possível.

Esses relatos ajudaram a confrontar-me com limitações mais profundas e a perceber o amor de um Pai revelado em sua forma mais dramática na entrega de seu filho ao sofrimento e à morte. Para tanto, acende-se nele a esperança num *SER MAIOR* que muda a história de uma pessoa, dando início a uma nova vida, ultrapassando os limites da morte.

Diante disso, dou início a alguns relatos que se referem ao personagem principal do livro que proporcionou essa mudança de vida. Cabe salientar que focarei o discurso em apenas quatro autores que escreveram sobre fatos relevantes, porém não na totalidade do que vivenciaram durante o tempo em que estiveram como ou com testemunhas do personagem que será revelado no decorrer do discurso. O conjunto de fatos relatados pelos quatro autores que descreverei a seguir se denomina *Evangelho* originário do grego que significa *boa notícia*, especificamente revelada pelo personagem principal há séculos, no mundo em que vivemos.

O primeiro desses quatro autores se chama Mateus (também conhecido como Levi), judeu, profissão adjudicatário do Estado, historicamente conhecida como cobrador de impostos no Império Romano. A escrita de Mateus é apresentada como um texto basicamente didático; o segundo, chamado Marcos (também conhecido como João), judeu, profissão pescador, possivelmente nativo de Jerusalém, cuja narrativa é originária de relatos que chegaram ao seu conhecimento recorrendo, possivelmente, à memória de coisas ouvidas e provavelmente por ser um aluno receptivo aos ensinamentos de Simão Pedro (testemunha ocular do personagem principal de sua narrativa); o terceiro, chamado Lucas, não era judeu. Era gentio, origem classificada como pagã, idólatra, que não professa o judaísmo. Lucas era conhecido como historiador, profissão médico, com conhecimentos de investigação histórica e escrita. Suas duas obras, e aqui mencionarei relatos de apenas uma, são acuradas investigações desde a origem e aparecimento do personagem principal, fato relatado nas obras de sua autoria; por fim, o quarto, chamado João, judeu profundamente religioso, conhecedor das tradições e das expectativas de seu povo. Encontrou no personagem principal do livro, com que conviveu durante sua passagem aqui neste mundo, a mudança de vida que tanto esperava. Seus escritos são evidências do que presenciou durante o tempo em que passou com o protagonista de sua obra literária.

Esses quatro autores relatam fatos da história verídica de um personagem muito curioso e conhecido por muitos, há séculos, denominado *Jesus*. Esse nome não foi dado por pais ou influenciado por parentes e amigos da família, fato que dá início à estranheza de não seguir aquilo que vivenciamos comumente.

Jesus, o prometido de Deus para nascer de uma mulher virgem chamada Maria, foi divulgado por Gabriel anjo vindo da parte de Deus. Logo, Maria recebe com muito temor esta palavra e vê sua vida mudar diante de uma circunstância sobrenatural que transcende a natureza humana. Mas quem é Deus para você? Reflita sobre isso.

E é nesse ponto que destaco a relevância do que está no livro por Lucas, a saber:

"...foi o anjo Gabriel enviado, da parte de Deus, para uma

cidade da Galileia, chamada
Nazaré, a uma virgem
desposada com certo homem
da casa de Davi, cujo nome
era José; a virgem chamava-
se Maria. E, entrando o anjo
aonde ela estava, disse:
Alegra-te, muito favorecida! O
Senhor é contigo" (LUCAS,
BEA-1999, p. 91 NT).

O que fazer diante do inopinado? Ainda mais quando se trata de algo que não faz parte da realidade humana? Muitas vezes questionamos: como passamos a existir neste mundo?

Quando nascemos não temos noção de nada: onde estamos, por que viemos ao mundo, para que viemos ao mundo, dentre outros questionamentos. Demoramos alguns anos para perceber que estamos no mundo em que vivemos hoje. De modo geral, temos uma ou duas testemunhas que nos revelam como tudo aconteceu no dia do nascimento: nossos pais ou quem nos recebeu na hora do parto pela falta deles. Sem testemunha ou evidências nos relatos feitos pelos pais, seria muito difícil ou quase impossível nós sabermos de onde viemos ou como surgimos neste mundo.

É incrível acreditar em relatos de nossos pais sobre o surgimento nessa vida, cada um com sua história, e ai de quem falar que é mentira, isso demandaria uma discussão interminável. Hoje, muitos de nós temos a felicidade de possuir equipamentos tecnológicos para registrar esse momento único que é o nascimento de um ser humano. No entanto, no mundo em que vivemos, nem todos têm esse privilégio e, nesse caso, estes precisam acreditar em seus pais ou em quem presenciou e relatou como aconteceu. Outra alternativa, nesse caso, é imaginar, por opção, que nasceu da mesma forma como todos nascem. Já imaginou como é esse processo numa tribo indígena? Reflita, ou pesquise sobre.

Lucas nos permite enxergar através de Maria o início da história de Jesus, que mudaria, mudou e muda a vida de muitas pessoas, dentre as quais estou incluído. De fato, poucos vão se permitir crer na mudança, apesar de ela estar estendida a todos os seres humanos racionais. Reconheço ser um tanto complexa esta afirmação, tendo em vista que estudiosos da teologia bíblica têm outras opiniões sobre o assunto.

Todos nós temeríamos diante do inopinado sobrenatural, em especial vindo da parte de Deus, o qual se revelou pessoalmente a poucos em relação a todos os que vieram a este mundo desde a criação do homem. E não foi diferente com Maria:

"Ela, porém, ao ouvir esta

palavra, perturbou-se muito e
pôs-se a pensar no que
significaria esta saudação.
Mas o anjo lhe disse: Maria,
não temas; porque achaste
graça diante de Deus. Eis que
conceberás e darás à luz um
filho, a quem chamarás pelo
nome de Jesus. Este será
grande e será chamado Filho
do Altíssimo; Deus, o Senhor,
lhe dará o trono de Davi, seu
pai; ele reinará para sempre
sobre a casa de Jacó, e o seu
reinado não terá fim. Então,
disse Maria ao anjo: Como
será isto, pois não tenho
relação com homem algum?
Respondeu-lhe o anjo:
Descerá sobre ti o Espírito
Santo, e o poder do Altíssimo
te envolverá com a sua

O LIVRO "Uma mudança de vida"

sombra; por isso, também o ente santo que há de nascer será chamado Filho de Deus" (LUCAS, BEA-1999 p. 91 NT).

O que se faz após uma declaração dessas, diante do sobrenatural? Compreendo que a revelação de algo sobrenatural vindo da parte de Deus ocorre diretamente a quem se destina. Considero verdadeira e que não vem revelada por terceiros. É forte isso. Para tanto, acreditar é uma escolha que não vem de nós mesmos, mas de um *SER MAIOR*.

Se você não for tocado por esse sentimento de crença para que a mudança de vida aconteça, é porque ainda não foi alcançado por esse *SER MAIOR*, denominado *ESPÍRITO SANTO DO DEUS ÚNICO*. "Porque para Deus não haverá impossíveis em todas as suas promessas" (LUCAS, BEA-1999 p. 91 NT).

João testifica em sua narrativa a

revelação que Maria presenciou, de modo curioso:

"No princípio era o Verbo, e o Verbo estava com Deus, e o Verbo era Deus. Ele estava no princípio com Deus. Todas as coisas foram feitas por intermédio dele, e, sem ele, nada do que foi feito se fez. A vida estava nele e a vida era a luz dos homens. A luz resplandece nas trevas, e as trevas não prevaleceram contra ela. Houve um homem enviado por Deus cujo nome era João. Este veio como testemunha para que testificasse a respeito da luz, a fim de todos virem a crer por intermédio dele. Ele não era a

luz, mas veio para que
testificasse da luz, a saber, a
verdadeira luz, que, vinda ao
mundo, ilumina a todo
homem. O Verbo estava no
mundo, o mundo foi feito por
intermédio dele, mas o mundo
não o conheceu. Veio para o
que era seu, e os seus não o
receberam. Mas, a todos
quantos o receberam, deu-lhes
o poder de serem feitos filhos
de Deus, a saber, aos que
creem no seu nome; os quais
não nasceram do sangue, nem
da vontade da carne, nem da
vontade do homem, mas de
Deus. E o Verbo se fez carne e
habitou entre nós, cheio de
graça e de verdade, e vimos a
sua glória, glória como do
unigênito do Pai" (JOÃO, BEA-

O LIVRO "Uma mudança de vida"

1999, p. 137 e 138 NT).

Essa narrativa de João é um ponto que muitos ouvem falar, entendem muitas vezes, mas não acreditam de forma plena, ou seja, por qualquer questionamento duvidoso em oposição a este fato, põem em risco a crença no fato narrado por João.

Crer, admitir como verdadeiro, aceitar como real e convencer-se da existência de alguma coisa são convicções muito reais de quem percebeu que a vida humana é dependente de algo espiritual para confrontar seu interior mais profundo, a alma. Esta, por sua vez, é considerada princípio espiritual do homem que se opõe ao corpo, uma composição imaterial de uma pessoa que perdura após sua morte.

A alteração da saúde se manifesta por sintomas, possíveis de serem identificados ou não. Tipos de enfermidade e moléstia são palavras que remetem ao mesmo sentido: doença. A doença é algo a que todos nós estamos sujeitos em algum momento da vida, tendo como consequências o viés da cura de maneira plena, o viés da cura parcial (quando deixa sequelas) e o viés da morte.

Permita destacar o assunto sobre a cura de uma doença tendo como consequência o viés da cura de maneira plena, porém, não pelo que nós conhecemos, através de tratamentos com medicamentos, cirurgias, dentre outros, mas tendo por base apenas naquilo que não tem mais solução através da medicina ou que a ciência nunca vai descobrir. Para tanto, destaco alguns fatos descritos no livro cujo personagem principal, revelado pelos autores mencionados anteriormente, é Jesus, para que seja possível compreender como aconteceu a mudança na minha vida.

Se tratando de cura, tendo como consequência o viés da cura de maneira plena por meio de algo sobrenatural, em que a realidade não está através da medicina e que a ciência nunca vai descobrir, que descreverei sobre alguns fatos que Jesus realizou diante desse viés, como consequência, em alguns casos de ressuscitar a pessoa após a morte. Certamente, durante a leitura do fato narrado a seguir o *ESPÍRITO SANTO DO DEUS ÚNICO* vai lhe convencer dessa realidade.

Mateus, Lucas e Marcos escreveram sobre um homem chamado Jairo que fez um pedido a Jesus diante de uma multidão que estava esperando algo da parte Dele, de modo que sua fama já tinha se espalhado por muitos lugares, sendo que estava em um barco na beira do mar, lado ocidente do mar da Galileia, em Israel, localizado no Oriente Médio, reconhecido oficialmente em 1948, sendo também conhecido como Estado Judeu e Democrático.

Jairo provavelmente era de origem judaica e ocupava um cargo importante de uma sinagoga[1] no tempo de Jesus, na posição de chefe.

Conhecendo a fama de Jesus e presenciando que a filha fora acometida por uma doença que à levaria a morte caso não houvesse uma intervenção divina de modo sobrenatural, já que tratamentos medicamentosos não tinham surtido efeito, Jairo recorreu àquele que tinha a fama de possuir poder que transcende a natureza humana, Jesus. Que na forma de homem não veio ao mundo como nós. Jesus operava, através das ações vindas da parte de Deus, trazendo mudança de vida as pessoas, não apenas através da cura, mas de outras ações elencadas no livro.

Jairo toma atitude importante de se permitir mudar de vida e ver sua família feliz em

---

[1] A sinagoga era considerada uma assembleia de judeus que se reuniam para orar e se dedicar à leitura e exposição dos Escritos Bíblicos.

ter a filha curada. Essa atitude propiciou a oportunidade de experimentar algo maior do que está ao alcance humano, mesmo com recursos tecnológicos da medicina, dinheiro e muito mais.

Jairo caminha com esperança em direção a quem pode curar e devolver a vida, confiando sempre naquele que proporcionou e proporciona a mudança. Marcos relata esse fato, a saber:

"Tendo Jesus voltado no barco, para o outro lado, afluiu para ele grande multidão; e ele estava junto do mar. Eis que se chegou a ele um dos principais da sinagoga, chamado Jairo, e, vendo-o, prostrou-se a seus pés e insistentemente lhe suplicou: minha filhinha está

O LIVRO "Uma mudança de vida"

à morte; vem, impõe as mãos
sobre ela, para que seja salva,
e viverá. Jesus foi com ele..."
(MARCOS, BEA-1999 p. 68
NT).

Jairo se vê diante de uma adversidade para a qual não existe solução humana, mas logo surge a esperança através de Jesus. Jairo nos motiva a refletir a respeito de algo que o impulsionou a se dirigir de maneira tão sublime e corajosa a Jesus e a crer, com a certeza de que Nele estava a mudança de vida. Daí me coloquei no lugar de Jairo para tentar entender tal esperança.

Imaginei que ter um de meus familiares ou amigo com uma doença incurável era algo tenebroso, porque não temos onde ou a quem recorrer se não conhecermos Jesus em sua plenitude e tivermos nossa própria experiência com Ele. Conhecê-lo de ouvir falar é uma coisa, presenciar um fato sobrenatural tendo uma experiência pessoal com Ele é algo incomparável, inexplicável, só quem passou sabe. Apesar de eu ter conhecimento de Jesus de ouvir falar, necessitava conhecê-lo pessoalmente. Mas como conhecê-lo se Ele não está diante de nossos olhos?

A atitude de Jairo me fez refletir e entender que para ter experiência com Jesus eu precisava reconhecê-lo, crendo em Sua origem e divindade, e me prostrasse diante Dele suplicando Sua atenção e favor. Esse foi o meu primeiro passo para obter resposta a alguns questionamentos: Quem verdadeiramente é Jesus? O que ele quer de mim? O que devo fazer para mudar minha vida medíocre? Qual foi o propósito de eu ter vindo a esse mundo? Para onde vou após a morte?

A atitude de Jairo foi impulsionada pela fé. A fé está ligada a uma convicção intensa e persistente em algo abstrato que, para a pessoa que acredita, se torna verdade uma crença naquilo que não se vê, mas que se espera. Mas isso posso afirmar que é um dom vindo da parte de um *SER MAIOR*, que é o Deus Único (O Criador).

No livro, em Efésios, há uma definição sobre esse dom que vem da parte de Deus, a fé, considerada como um presente. Quem não quer ganhar um presente? Ainda mais quando vem da parte do Deus Único. Considero que esse tipo de presente está estendido àqueles que se voltam em atitude para o Deus Único por meio de Jesus. Deve-se ter convicção intensa e persistente naquele que pode todas as coisas (Jesus) através de um quebrantamento profundo da alma, insistente súplica, em que move o coração do Deus Único para lhe presentear com o dom da fé, extremamente necessário para que se permita a mudança de vida. Mas quando acontecerá essa mudança? Quanto tempo devo esperar? De que maneira vai acontecer?

Diante de uma situação com a de Jairo,

muitos questionamentos surgem dentro de cada ser humano. A espera pode ser um vetor de desânimo, desesperança, inquietação, ansiedade etc. Mas, para que haja mudança em nossa vida, nada disso pode ser motivo de questionamentos ao Deus Único.

Marcos narra que após Jesus ouvir a forma como Jairo suplicou-lhe, demonstrando até como Jesus deveria fazer para que sua filha fosse curada, Jesus não lhe deu resposta, mas foi com ele em direção a sua casa.

A narrativa de Marcos não revela a distância percorrida desde o local de onde partiram Jesus e Jairo até sua casa e que ambos foram acompanhados por uma grande multidão. No entanto, Marcos narra que durante a caminhada aconteceu o sobrenatural com uma mulher:

"...Grande multidão o seguia, comprimindo-o. Aconteceu

O LIVRO "Uma mudança de vida"
que certa mulher, que, havia
doze anos, vinha sofrendo de
uma hemorragia e muito
padecera à mão de vários
médicos, tendo despendido
tudo quanto possuía, sem,
contudo, nada aproveitar,
antes, pelo contrário, indo a
pior, tendo ouvido a fama de
Jesus, vindo por trás dele, por
entre a multidão, tocou-lhe a
veste. Porque, dizia: Se eu
apenas lhe tocar as vestes,
ficarei curada. E logo se lhe
estancou a hemorragia, e
sentiu no corpo estar curada
do seu flagelo. Jesus,
reconhecendo imediatamente
que dele saíra poder, virando-
se no meio da multidão,
perguntou: Quem me tocou
nas vestes? Responderam-lhe

O LIVRO "Uma mudança de vida"

seus discípulos: Vês que a
multidão te aperta e dizes:
Quem me tocou? Ele, porém,
olhava ao redor para ver quem
fizera isto. Então, a mulher,
atemorizada e tremendo,
cônscia do que nela se
operara, veio, prostrou-se
diante dele e declarou-lhe toda
a verdade. E ele lhe disse:
Filha, a tua fé te salvou; vai-te
em paz e fica livre do teu mal"
(MARCOS, BEA-1999 p. 68
NT).

Marcos não revela o nome da mulher.
Tudo o que se sabe é que possivelmente ela era
moradora da cidade de Cafarnaum, em
Jerusalém. O curioso do fato da mulher com
hemorragia é imaginar quanto tempo devia
esperar e de que maneira iria acontecer a cura

que tanto esperava.

A atitude da mulher, em seu contexto, foi semelhante à atitude de Jairo. Acontece o inopinado sobrenatural após uma decisão de coragem impulsionada pelo dom da fé, presenteado pelo Deus Único por meio de Jesus.

Curioso é que sabendo da fama de Jesus, a mulher viu nele sua única oportunidade para ficar curada após doze anos de tratamentos sem sucesso, o que permitiria a tão esperada mudança de vida.

A hemorragia da mulher mencionada por Marcos possivelmente foi causada por uma irregularidade menstrual que, além de causar sofrimento físico, tornava-a impura do ponto de vista religioso judaico. Para que possamos refletir sobre o assunto, como essa mulher chegou até Jesus e através de um toque foi curada?

Uma pessoa que está com hemorragia, com perdas maiores que 15% e menores que

30% do sangue (entre 750 a 1.500 ml), segundo estudos da medicina, geralmente está em estado de choque sem hipotensão arterial. Os sinais e sintomas que a pessoa apresenta são: ansiedade, sede, taquicardia, pulso radial fraco, pele fria, palidez cutânea, suor frio, taquipneia e enchimento capilar lento. Perdas acima de 30% (maiores que 1.500) levam ao choque descompensado com hipotensão[2]. Imagine se forem perdas acima de 50%? Diante disso, é sobrenatural como a mulher chegou até Jesus diante da multidão que o apertava.

Um homem de origem como a nossa e em seu estado normal, humanamente falando, não tem poder para curar alguém da forma como Jesus curou a mulher com hemorragia. Sentir que saiu poder de si mesmo após alguém tê-lo tocado diante de uma multidão que o apertava é surpreendente.

Imagino que Jairo, por ter tido o privilégio

---

[2] Pressão sanguínea anormalmente baixa.

de solicitar a Jesus a cura da filha, diante do que presenciava sobre a cura da mulher, vê o tempo passando, imaginando que sua filha estava com as horas contadas. Logo, foi surpreendido por uma notícia desagradável e terrível que um pai nunca gostaria de receber. Marcos narra que:

"Falava ele ainda, quando chegaram alguns da casa do chefe da sinagoga, a quem disseram: Tua filha já morreu; por que ainda incomodas o Mestre? Mas Jesus, sem acudir a tais palavras, disse ao chefe da sinagoga: Não temas, crê somente. Contudo, não permitiu que alguém o acompanhasse, senão Pedro e os irmãos Tiago e João"

O LIVRO "Uma mudança de vida"

(MARCOS, BEA-1999 p. 68
NT).

Diante da notícia, Jesus, em ato contínuo, não se importou com as palavras daqueles que traziam a notícia e afirmou para Jairo: "não temas, crê somente". Afirmação de confiabilidade no que Jesus era capaz de fazer, que nesse ponto considero um presente vindo do Deus Único por intermédio de Jesus, o dom da fé.

Diante de Jairo e os que presenciavam a notícia de que a filha tinha falecido, Jesus garantiu que tinha e tem poder para curar e devolver a vida a quem morreu e a quem morre, ou seja, uma nova vida.

Nesse caso específico de Jairo, compreendo que o ambiente propício para concretização da ação plena do poder de Jesus demandou a crença de todos os que testemunharam o fato, sem nenhuma possibilidade de incredulidade. Mais uma afirmação que causa inúmeras discussões sobre o assunto por diversas pessoas.

Incredulidade é qualidade de quem não se convence com facilidade nem acredita facilmente naquilo que ouve, ainda mais quando está prestes a presenciar o sobrenatural, nesses casos mantendo ausência de fé e desprovimento de crença.

Esse tipo de pessoa ainda não foi presenteado pelo Deus Único, por meio de Jesus, com o dom da fé. Não é qualquer fé, daquelas que imaginamos ter quando decidimos passar embaixo de uma escada e crer que ela não vai cair na nossa cabeça. Ainda, não é como quando resolvemos pular de um avião de uma altitude de 13 mil pés em uma média de 14 minutos (o que proporciona aproximadamente 50 segundos de queda livre, sendo que após a abertura do paraquedas, são entre quatro a seis minutos até chegar ao solo) e crer que não morreremos porque estamos sustentados pelo paraquedas.

O dom da fé vem do Deus Único, por meio de Jesus, quando reconhecemos que Ele pode mudar nossa vida. É uma escolha e não vem de nós mesmos.

Marcos continua sua narrativa dizendo que:

"Chegando à casa do chefe da sinagoga, viu Jesus o alvoroço, os que choravam e os que pranteavam muito. Ao entrar, lhes disse: Por que estais em alvoroço e chorais? A criança não está morta, mas dorme. E riam-se dele. Tendo ele, porém, mandado sair a todos, tomou o pai e a mãe da criança e os que vieram com ele e entrou onde ela estava. Tomando-a pela mão, disse:

Talitá cumi!, que quer dizer:
Menina, eu te mando, levanta-
te! Imediatamente, a menina
se levantou e pôs-se a andar;
pois tinha doze anos. Então,
ficaram todos sobremaneira
admirados. Mas Jesus
ordenou-lhes expressamente
que ninguém o soubesse; e
mandou que dessem de comer
à menina" (MARCOS, BEA-
1999 p. 68 NT).

Diante desse fato narrado por Marcos, compreendi que os descrentes não são bem-vindos a presenciar ou mesmo a provar o melhor do Deus Único por intermédio de Jesus. Só os que creem têm a convicção, a certeza e a coragem de se posicionar para ver Jesus atuar e mudar a vida de uma pessoa completamente. A vida de Jairo e daqueles que presenciaram o agir de Jesus de fato nunca mais foi a mesma.

Certamente, sua vida vai mudar como a minha mudou quando decidi aceitar que Jesus é o mediador do Deus Único e provar da experiência magnífica que muitos tiveram no passado. Portanto, compreendo que a mudança de vida acontece por meio de Jesus. Não deixe para crer em Jesus quando estiver numa situação como a de Jairo ou da mulher com hemorragia. Permita-se ser convencido pelo *ESPÍRITO SANTO DO DEUS ÚNICO*, aquele que lhe presenteia o dom da fé.

Outro fato relevante no livro foi a cura de um paralítico narrado por João, testemunha ocular no tempo de Jesus:

"...havia uma festa dos judeus,
e Jesus subiu para Jerusalém.
Ora, existe ali, junto à Porta
das Ovelhas, um tanque,
chamado em hebraico

Betesda, o qual tem cinco
pavilhões. Nestes, jazia uma
multidão de enfermos, cegos,
coxos, paralíticos [esperando
que se movesse a água.
Porquanto um anjo descia em
certo tempo, agitando-a; e o
primeiro que entrava no
tanque, uma vez agitada a
água, sarava de qualquer
doença que tivesse]. Estava ali
um homem enfermo havia
trinta e oito anos. Jesus,
vendo-o deitado e sabendo que
estava assim há muito tempo,
perguntou-lhe: Queres ser
curado? Respondeu-lhe o
enfermo: Senhor, não tenho
ninguém que me ponha no
tanque, quando a água é
agitada; pois, enquanto eu
vou, desce outro antes de

mim. Então, lhe disse Jesus: Levanta-te, toma o teu leito e anda. Imediatamente, o homem se viu curado e, tomando o leito, pôs-se a andar" (JOÃO, BEA-1999 p. 144 NT).

Betesda, denominada em aramaico como *casa de graça*, era uma área situada a nordeste do Templo, em Jerusalém, onde havia um tanque duplo. Nos quatro lados e na divisão central havia galerias com colunas. Nesse local, como relata João, costumava ter uma multidão de enfermos, cegos, coxos e paralíticos à espera do mover da água agitada por um anjo, num determinado tempo.

Que situação dramática e tenebrosa era essa, hem? Daí vêm aqueles costumeiros questionamentos: Será que nesse tanque vou ficar curado? Quando o anjo virá agitar a água?

Como vou entrar primeiro no tanque se não consigo me mover rapidamente? Pensamentos como esses mostram a alta probabilidade de nos caracterizarmos como alguém que não se convence com facilidade nem acredita facilmente naquilo que ouve, o que reflete a ausência de fé, desprovimento de crença, ou seja, incredulidade.

O paralítico em questão acreditava que poderia ser curado no tanque, mas suas limitações físicas impediam-no de se dirigir para entrar primeiro na água quando o anjo viesse agitá-la. Ainda bem que o personagem principal do livro, Jesus, estava passando no tanque de Betesda para presentear o paralítico.

Jesus, ao ver aquele paralítico deitado há muito tempo naquele local, fez uma pergunta que todos os doentes que estavam próximos gostariam de ouvir: "queres ser curado?".

Muitas pessoas ouvem de maneira clara uma pergunta que vai mudar sua vida, contudo, ficam mais preocupadas em contar suas dificuldades e limitações do que aceitar de imediato a oportunidade que mudará suas vidas. Certamente, precisamos entender quem está fazendo essa pergunta. Quem é Jesus para você? Reflita.

Sou um privilegiado e bem-aventurado por não estar no lugar em que estava o paralítico para ver Jesus atuar e crer que Ele mudaria a minha vida. Não necessitei ver uma situação dessas, mas me posicionei e tomei a atitude de crer em Jesus acima de qualquer coisa e, por isso, minha vida mudou.

Diante de uma pergunta de forma inopinada que mudaria sua vida, o que você faria? Contaria para quem lhe ofereceu mudança de vida suas dificuldades e limitações? Ou após ler relatos de fatos como esse, crê que Jesus muda a vida de uma pessoa?

Jesus não está preocupado com suas dificuldades e limitações. Ele quer que você se posicione em atitude para proporcionar-lhe mudança de vida. Compreendo que esta afirmação provoca discussões diversas entre os teólogos de plantão. O mais importante é que você creia em quem pode mudar sua vida, Jesus.

Uma ordem de quem pode mudar sua vida permite que você desfrute de algo bem maior do que a vida medíocre e mesquinha que muitos levam, mesmo tendo milhões em contas bancárias, sendo que a paz para essa pessoa está longe de existir se não abrir os olhos para a verdade que está em Jesus.

Mesmo com as declarações do paralítico expressando dificuldades e limitações, vendo Jesus que ele possuía fé, declarou a cura e imediatamente o paralítico foi curado e pôs-se a andar. Esse ato transcendeu a natureza humana.

O que Jesus é para que a vida de uma pessoa mude? Qual foi Sua missão neste mundo?

"Então, lhes falou Jesus: Em verdade, em verdade vos digo que o Filho nada pode fazer de si mesmo, senão somente aquilo que vir fazer o Pai; porque tudo o que este fizer, o Filho também semelhantemente o faz. Porque o Pai ama ao Filho, e lhe mostra tudo o que faz, e maiores obras do que estas lhe mostrará, para que vos maravilheis. Pois assim como o Pai ressuscita e vivifica os mortos, assim também o Filho vivifica aqueles a quem quer. E o Pai a ninguém julga, mas ao Filho confiou todo julgamento, a fim de que todos honrem o Filho do modo por que honram o Pai. Quem não

honra o Filho não honra o Pai
que o enviou. Em verdade, em
verdade vos digo: quem ouve a
minha palavra e crê naquele
que me enviou tem a vida
eterna, não entra em juízo,
mas passou da morte para a
vida. Em verdade, em verdade
vos digo que vem a hora e já
chegou, em que os mortos
ouvirão a voz do Filho de
Deus; e os que a ouvirem
viverão. Porque assim como o
Pai tem vida em si mesmo,
também concedeu ao Filho ter
vida em si mesmo. E lhe deu
autoridade para julgar, porque
é o Filho do Homem. Não vos
maravilheis disto, porque vem
a hora em que todos os que se
acham nos túmulos ouvirão a
sua voz e sairão: os que

tiverem feito o bem, para a ressurreição da vida; e os que tiverem praticado o mal, para a ressurreição do juízo. Eu nada posso fazer de mim mesmo; na forma por que ouço, julgo. O meu juízo é justo, porque não procuro a minha própria vontade, e sim a daquele que me enviou. Se eu testifico a respeito de mim mesmo, o meu testemunho não é verdadeiro. Outro é o que testifica a meu respeito, e sei que é verdadeiro o testemunho que ele dá de mim. Mandastes mensageiros a João, e ele deu testemunho da verdade. Eu, porém, não aceito humano testemunho; digo-vos, entretanto, estas coisas para que sejais salvos.

Ele era a lâmpada que ardia e alumiava, e vós quisestes, por algum tempo, alegrar-vos com a sua luz. Mas eu tenho maior testemunho do que o de João; porque as obras que o Pai me confiou para que eu as realizasse, essas que eu faço testemunham a meu respeito de que o Pai me enviou. O Pai, que me enviou, esse mesmo é que tem dado testemunho de mim. Jamais tendes ouvido a sua voz, nem visto a sua forma. Também não tendes a sua palavra permanente em vós, porque não credes naquele a quem ele enviou. Examinais as Escrituras, porque julgais ter nelas a vida eterna, e são elas mesmas que testificam de mim. Contudo,

O LIVRO "Uma mudança de vida"

não quereis vir a mim para
terdes vida. Eu não aceito
glória que vem dos homens;
sei, entretanto, que não tendes
em vós o amor de Deus. Eu
vim em nome de meu Pai, e
não me recebeis; se outro vier
em seu próprio nome,
certamente, o recebereis.
Como podeis crer, vós os que
aceitais glória uns dos outros
e, contudo, não procurais a
glória que vem do Deus único?
Não penseis que eu vos
acusarei perante o Pai; quem
vos acusa é Moisés, em quem
tendes firmado a vossa
confiança. Porque, se, de fato,
crêsseis em Moisés, também
creríeis em mim; porquanto
ele escreveu a meu respeito.
Se, porém, não credes nos

O LIVRO "Uma mudança de vida"

seus escritos, como crereis
nas minhas palavras?" (JOÃO,
BEA-1999 p. 146 NT).

O que dizer diante dessas declarações? Forte demais! O livro traz verdades para mudança de vida a qualquer ser humano. Isto é, para quem quer dar o primeiro passo e ver a sua vida mudar imediatamente. Portanto, por toda a vida deve-se continuar conhecendo o executor que tira e devolve a vida de uma pessoa, o Deus Único, por meio de Jesus.

Quando o seu tempo acabar aqui neste mundo, para onde você vai? A vida tem um início, um meio, porém, não tem fim para quem crê em Jesus. Por meio Dele, o Deus Único garante a continuação da vida na eternidade.

Para compreender esta convicção precisamos conhecer sobre, e não simplesmente dizer sobre. Quem é Jesus para você?

Jesus, humanamente falando, era uma pessoa extremamente solidária, possuída de amor-próprio e amor às pessoas que o rodeiavam, sendo estas de qualquer classe social, raça, cor e gênero. Mesmo uma firmação como essa é muito rasa diante da definição de quem realmente é Jesus, mediante os relatos contidos no livro. No contexto sobrenatural, o que mais impressiona quando imaginamos que Sua missão foi real e surpreendente é saber:

"Porque Deus amou ao mundo
de tal maneira que deu o seu
Filho unigênito, para que todo
o que nele crê não pereça, mas
tenha a vida eterna. Porquanto
Deus enviou o seu Filho ao
mundo, não para que julgasse
o mundo, mas para que o
mundo fosse salvo por ele.
Quem nele crê não é julgado; o

O LIVRO "Uma mudança de vida"

que não crê já está julgado,
porquanto não crê no nome do
unigênito Filho de Deus. O
julgamento é este: que a luz
veio ao mundo, e os homens
amaram mais as trevas do que
a luz; porque as suas obras
eram más. Pois todo aquele
que pratica o mal aborrece a
luz e não se chega para a luz,
a fim de não serem arguidas
as suas obras. Quem pratica a
verdade aproxima-se da luz, a
fim de que as suas obras
sejam manifestas, porque
feitas em Deus" (JOÃO, BEA-
1999 p. 142 NT).

O amor do Deus Único está contido nas
declarações de Jesus narradas por João. Jesus
é um ser notável que veio para este mundo de

um lugar que não conhecemos e de uma forma diferente, sendo concebido através de uma mulher virgem por uma ação divina. Recebeu a missão de um Pai (Deus Único) que se compadeceu da vida que sua criação (o homem) levava e, com isso, deu a oportunidade a quem Nele crer, e que tem o poder de mudar a vida das pessoas.

Jesus está acima de todos e de qualquer coisa que possamos imaginar:

"Quem vem das alturas certamente está acima de todos; quem vem da terra é terreno e fala da terra; quem veio do céu está acima de todos e testifica o que tem visto e ouvido; contudo, ninguém aceita o seu testemunho. Quem, todavia, lhe aceita o testemunho, por sua vez, certifica que Deus é verdadeiro. Pois o enviado de Deus fala as palavras dele, porque Deus não dá o Espírito por medida. O Pai ama ao Filho, e todas as coisas têm confiado às suas mãos. Por isso, quem crê no Filho tem a vida eterna; o que, todavia, se mantém rebelde contra o Filho não verá a vida, mas sobre ele permanece a ira de Deus". (JOÃO, BEA-1999 p. 142 NT).

4 **CAPÍTULO III**

Afinal, quem Ele é?

Poderia citar referências de vários autores da teologia bíblica, de filósofos, da arqueologia literária etc. No entanto, quero relatar como conheci Jesus aos trinta e oito anos de idade. Após isso a minha vida mudou.

Conhecia Jesus de ouvir falar. Mas hoje posso dizer que o conheço por ter tido e continuo tendo uma experiência real com ele. Cabe salientar que a experiência que tive não foi após ser acometido por uma doença, acidente, perda de um filho, perda da mãe ou pai, dentre outros. A experiência está atrelada a intensas leituras do livro, principalmente a partir dos relatos testemunhados por Mateus, Marcos, Lucas e João sobre o protagonista da história que creio ser verídica e a mais incrível que tive a oportunidade, de maneira acurada, analisar, acreditar e colocar em prática os fatos importante elencados no livro.

Durante o processo de leitura, tive algumas dificuldades de entender certos fatos relatados no livro, mas ponderei e decidi não procurar ajuda de um líder espiritual ou teólogo para que me explicasse, até porque já conhecia as histórias de ouvir falar e a partir de explicações diversas dadas por pessoas que pregam sobre. Optei por um desafio curioso: ter orientações e ensinamentos diretos com o personagem principal do livro, Jesus. Sendo assim, secretamente solicitei a Ele, com meu coração quebrantado, contrito e em lágrimas, o entendimento de como mudar de vida por meio Dele. Conhecê-lo assim foi algo sobrenatural.

Foram inúmeras as conversas em secreto, que duravam entre alguns minutos até horas num lugar reservado onde, era primordial manter a privacidade ininterrupta. Isso ocorreu durante um período de aproximadamente cinco anos, que se estendeu até hoje. Logo, o lugar que escolhi para o encontro e as conversas só presenciava diante dos meus olhos uma grande fazenda e que ventava muito algumas vezes. Nessas ocasiões, solicitava incessantemente a proporção de sabedoria e discernimento vindos Dele para que eu compreendesse realmente quem Ele é. Foram impactantes os momentos em que minha alma se aquietava para ouvi-lo, prática que tenho até hoje em lugares apropriados para as conversas em secreto com Ele.

Descrever detalhes sobre isso é um tanto complexo, pois é uma experiência que transcende a natureza humana. Mas posso afirmar que não é algo que muitas vezes ou quase sempre é dito num templo religioso por um líder espiritual, seja ele de qualquer denominação religiosa, que muitas vezes mexe com os sentimentos e o psicológico, momentaneamente, através de palavras experimentadas de exemplos e de histórias contadas com suas próprias interpretações para atingir um objetivo que muitas vezes está ligado a seus interesses. Quero destacar que não são todos líderes espirituais que entram por esse viés, se é que me entende.

Conhecer Jesus através das explicações de outras pessoas é maravilhoso, mas, na minha concepção, é um tanto vazio do ponto de vista experimental. Conhecer pelas próprias experiências individuais com Ele, isso me deixou impactado, porque não tem interferência de pessoas transmitindo mensagens com palavras de efeito como: "O Senhor é o Deus de ontem hoje e eternamente...", "Jesus veio para salvar o pecador, creia e verás a obra de Deus em sua vida..." "sua vida necessita de Deus", "venha como estás, Ele está aqui para te salvar", "pede o que tu queres, Ele te fará prosperar", dentre outros. Mas, como assim?

Cabe salientar que essas afirmações são verdadeiras do ponto de vista sobrenatural, no entanto, para quem não conhece verdadeiramente quem é Jesus, podem ser discursos duvidosos e produzir sentimentos de incredulidade, especialmente se essas verdades forem julgadas do ponto de vista humano.

Quando ouço frases como essas, me pergunto: como entender e reconhecer um Jesus que não conheço e muito menos tenho intimidade? Conhecer é uma prática que todos nós necessitamos para evoluir em meio a uma sociedade que tem à disposição diversas fontes de pesquisas. Quando verdadeiramente conhecemos, temos a capacidade de reconhecer. Portanto, para prosseguir conhecendo é necessário adquirir intimidade.

"Reconhecer é um processo em que se conhece por duas vezes; sendo assim, não podemos dizer que algo está errado, ruim, ou até mesmo ultrapassado, especialmente se não o conhecermos. E mesmo depois de conhecer, a Antropologia e a Filosofia têm demonstrado que nossa forma de julgar na maioria das vezes é subjetiva e impregnada de preconceitos..." (MARTINS, 2019, p. 35).

Certamente, reconhecer do ponto de vista sobrenatural está ligado à crença em um *SER* que nos presenteia com o dom da fé. *SER* que se aproxima de nós quando permitimos e nos faz conhecer quem Ele é, e como devemos viver neste mundo fazendo a Sua vontade para que possamos efetivamente mudar de vida.

Quando conhecemos, reconhecemos quem verdadeiramente é Jesus. Compreendemos plenamente que viemos nus ao mundo e que Ele nos proporciona ter tudo nessa vida, a *PAZ*.

Recordo-me de minha infância cheia de dificuldades, mas, acima de qualquer coisa ou circunstância, vim a este mundo com todos os membros e órgãos do corpo funcionando de maneira plena, o que me permite todos os dias fechar os olhos, acordar e presenciar um novo dia, em que o Deus Único me garante mais uma oportunidade para viver. Isso significa ter saúde, uma dádiva, graça e misericórdia de Deus para comigo. Muitos entre nós não tiveram ou não têm esse privilégio. Necessitam de uma mudança de vida da parte de Jesus com algo sobrenatural, enquanto a medicina ou a ciência não dão solução de cura e nunca descobrirão. Contudo, em muitos casos o Deus Único dá sabedoria ao ser humano para curar usando os recursos da medicina e o conhecimento através da ciência.

Conhecer Jesus através da experiência individual por conversas em secreto e por exaustivas leituras do livro e dos relatos mencionados anteriormente proporcionou minha mudança de vida, a ponto de eu ter a certeza de que este mundo não me garante mudança de vida plena e não tem nada a me oferecer do ponto de vista sobrenatural.

Compreendo que neste mundo e para este mundo a mudança está ligada às fases da vida, a partir dos esforços que fazemos para conquistar algo melhor para nós mesmos e para nossos familiares, sobretudo aspectos relacionados a sobrevivência, como: comer bem; ter uma boa moradia; ganhar dinheiro; fazer uma faculdade; passar num concurso; fazer viagens; ter um bom carro; ter um emprego que dê estabilidade financeira; etc. É sabido que todas essas coisas podem ser proporcionadas ao ser humano pelo Deus Único. Mas, e ter *PAZ*?

Creio que ter paz é um desejo cobiçado por muitos. É um desejo que realmente muda a vida de uma pessoa e transcende a natureza humana. Certamente, a *PAZ* está em Deus por meio de Jesus!

"...Perto está o Senhor. Não
andeis ansiosos de coisa
alguma; em tudo, porém,
sejam conhecidas, diante de
Deus, as vossas petições, pela
oração e pela súplica, com
ações de graças. E a paz de

O LIVRO "Uma mudança de vida"

Deus, que excede todo o
entendimento, guardará o
vosso coração e a vossa mente
em Cristo Jesus".
(FILIPENSES, BE, p. 294 -
NT).

Essa declaração de Paulo em Filipenses, compreendi através da leitura dos relatos descritos por Mateus, Marcos, Lucas e João sobre a origem e a trajetória de Jesus no mundo em que vivemos e que em secreto obtive confirmações diretamente Dele (Jesus). É através das conversas em secreto que tive e continuo tendo com o próprio Jesus que creio em tais relatos. Como já mencionei, esta é uma prática que tenho desde o dia em que o conheci verdadeiramente, e prossigo em conhecer até o dia em que findar a minha vida neste mudo, um presente que o Deus Único me proporcionou por meio de Jesus, descrito no livro, na parte que

O LIVRO "Uma mudança de vida"

transmite a *boa notícia,* através do dom da fé.

5 **CAPÍTULO IV**

Testemunho

Neste capítulo, apresento o testemunho de uma mulher que conheci num determinado momento da minha vida. Esse testemunho discorre sobre um fato que presenciei e acompanhei de perto.

Mulher de origem familiar extremamente religiosa, cresceu em um ambiente influenciado por costumes religiosos e pela crença em Deus. No decorrer de sua história, aconteceram alguns episódios dramáticos, a saber:

Aos vinte e seis anos de idade, ela se deparou com a perda de um membro da família: seu pai morreu aos sessenta e dois anos de idade por causa de um acidente de carro em uma das estradas federais do Rio de Janeiro – RJ. Quão dolorida foi essa perda, tendo em vista ser ela a caçula da família, muito apegada ao pai em razão dos dedicados cuidados que lhe eram dispensados. Sabe como é essa coisa de pai que tem como último filho uma menina...

Anos depois, houve a perda de mais um membro da família, a irmã. Essa perda deixou-a muito triste, pois havia acompanhado o tratamento da irmã, que fora acometida pelo câncer aos quarenta e cinco anos de idade. Cuidou da irmã com muito esmero e dedicação até o dia em que esta faleceu. Ao cuidar da irmã, teve uma experiência marcante que a ajudou a ter o amadurecimento necessário para entender que a vida neste mundo é passageira e que não sabia quando terminaria seu tempo aqui. Com isso, intensificou o cuidado com a saúde.

Após o falecimento da irmã, realizava, a cada seis meses, exames de rotina para monitorar seu estado de saúde. Nessas ocasiões, fazia exames como ultrassonografia da mama e mamografia, já que tinha um histórico familiar de câncer de mama. Por alguns anos fez esse tipo de exame e sempre obteve resultado negativo. Isso trazia sentimento de alívio, sempre encarando com responsabilidade os resultados de exames e opinião médica.

Em 2009, foi detectado no exame de ultrassonografia um nódulo na mama esquerda. Na interpretação do médico ginecologista era um músculo que estava se desenvolvendo, pois os exames não mostravam nenhuma anormalidade. Mas, em 2011, ao apresentar novos exames em uma das consultas de rotina o médico identificou que o nódulo estava duro e maior. No entanto, os exames não apresentavam qualquer resultado de malignidade. Por prevenção o médico a orientou a procurar um mastologista para ter outra opinião médica. Quando recebeu o encaminhamento para o médico mastologista, seu emocional ficou muito abalado.

Mesmo abalada procurou o médico mastologista e em sua primeira consulta apresentou os exames com a expectativa de receber uma boa notícia. Diante dos resultados dos exames, o médico a encaminhou para fazer uma biópsia. Dias depois, retornou ao médico, que, vendo o resultado da biópsia, diagnosticou um tumor maligno e imediatamente orientou-a a se preparar para a realização de uma cirurgia na mama esquerda. Durante esse procedimento, deveria ser retirada a metade da mama para não haver risco de que ela voltasse a ter outro câncer. Nesse caso, ela teria de se submeter também à retirada das glândulas abaixo do braço. Segundo o médico, se ela não fizesse a cirurgia, em pouco tempo morreria.

Após ter contado o fato para todos da família, estava triste, mas não se sentia derrotada. Certamente um sentimento de fé vindo da parte do Deus Único para proporcionar-lhe a cura.

Diante disso, em um de seus momentos dedicados à leitura do livro que tenho mencionado, tomou posse da narrativa de Marcos sobre a cura de uma mulher com hemorragia, e imaginou que tocaria nas vestes de Jesus e seria curada. E, naquele momento, apoderada do dom da fé, teve a certeza de que Jesus tinha retirado toda malignidade do tumor que estava em sua mama. Através do estudo da narrativa de Marcos sobre a ressureição da filha de Jairo, entendeu que Deus iria afastar dela todas as pessoas que não creriam e duvidariam da cura. Essa decisão concretizou a mudança de vida que esperava em Jesus. Imediatamente, junto com quatro amigos decidiu fazer propósitos de jejuns e oração três vezes ao dia, durante sete dias, para que Jesus operasse a mudança de vida de que ela necessitava.

Meses antes da cirurgia foi constatado, através de exames específicos para monitorar o tumor, que este estava medindo 2.6 centímetros. Na última consulta com uma médica mastologista antes da cirurgia, já com novos exames, indagou à médica se havia possibilidade de não realizar a cirurgia, por causa da sua fé. A médica afirmou que, diante daqueles exames, o tumor era considerado maligno. Apesar de o tumor ter 2.6 centímetros, segundo a médica ela teria que operar, fazer quimioterapia, e não tinha jeito. No entanto, diante dos fatos, a médica permitiu que ela escolhesse fazer a quimioterapia antes ou depois da cirurgia. Logo, possuída pelo dom da fé, escolheu não fazer a quimioterapia antes da cirurgia, entendendo que Jesus já lhe havia curado e crendo que o tumor diminuiria dia após dia e sumiria da mama.

Durante o tempo de espera da cirurgia, o Deus Único deu-lhe a verdadeira paz que excede todo entendimento.

Marcada a cirurgia para o dia 17 de novembro de 2011, continuou em oração, mas a partir daquele momento em agradecimento a Jesus pela cura antecipada, crendo na mudança de vida.

No dia da cirurgia, confiando em Jesus, como ela sempre falava, aquele que muda a vida de quem crê se fez presente na sala de cirurgia. Quando iniciaram o procedimento para a retirada do tumor, os médicos presenciaram que este estava solto, não havia raízes e media 1.8 centímetros. Em seguida, os médicos retiraram uma das glândulas abaixo do braço e fizeram o teste de linfonodo sentinela, obtendo resultado negativo.

Destaque é que, diante dos fatos, os médicos decidiram retirar somente o nódulo e a área em volta do nódulo por precaução e ajuste. Dias após a cirurgia, o médico oncologista disse a ela que seria possível escolher entre fazer a quimioterapia ou não. Diante dessa notícia, ela decidiu não fazer a quimioterapia e afirmou que fora tratada por Deus através de uma quimioterapia celestial.

Por recomendação médica, realizou trinta seções de radioterapia. Após isso, protocolo do tratamento médico, passou a tomar um comprimido diário de um medicamento específico para prevenir o surgimento de novas células cancerígenas. Também fez regularmente exames de rotina durante sete anos e não apresentou nenhuma irregularidade na saúde. Ao findar os sete anos, ela recebeu um laudo médico comprovando a cura do câncer pela medicina. Ela tinha a certeza de que Jesus já a havia curado do câncer, mas, com o laudo médico, passou a ter a prova da cura confirmada pela medicina. Verdadeiramente vi com os meus próprios olhos que a vida dessa mulher mudou. Hoje sou casado com ela.

CONSIDERAÇÕES FINAIS

Todo o relato apresentado até aqui me permite afirmar que o livro que mudou minha vida se reveste de importância por causa de um único personagem: *JESUS*. Poderia elencar vários personagens que foram destaque nesse livro, mas, na minha concepção, nenhum deles se comparam à grandeza de detalhes do protagonista mais poderoso que conheci com meus próprios olhos e com o qual tenho intimidade à medida que continuo cuidadosamente conhecendo-o.

Uma novidade de vida. Tudo o que precisava ter para prosseguir minha vida neste mundo que não me oferece nada para mudança de vida. Sou uma pessoa que crê plenamente em Jesus, o filho do Deus Único, tendo a certeza de que tudo vem Dele e para Ele são todas as coisas. Não consigo me imaginar fora desse contexto. Mesmo que essa mudança em minha vida não esteja aparente aos olhos de quem não acredita, ainda sim continuarei crendo que mudou, por meio de Jesus, que tem poder para mudar a vida de qualquer pessoa. Convido-o a abrir o coração para que Ele possa ver em você uma terra fértil para plantar amor, novidade de vida, permitindo que sejas presenteado com o dom da fé.

Nunca olhe para atitudes de um ser humano, olhe especialmente para atitudes de um sobre-humano, que é Jesus. Mesmo os personagens que se destacam no livro, por serem humanos, são insuficientes em suas atitudes, muitas vezes causando decepções quando lemos sobre suas vidas. Vale lembrar, no entanto, que tais personagens não declinaram sua fé em Deus. Sobretudo, afirmo que só há um em cuja história podemos ver exemplo de vida neste mundo, aquele que também é garantidor de mudança de vida a qualquer pessoa que nele crê: Jesus.

Para mudar de vida, precisamos decidir tomando atitude, convictos em quem pode mudar a vida de uma pessoa, e isso transcende a natureza humana. Portanto, precisamos ter nossa própria experiência com quem pode mudar a vida de uma pessoa, assim como mudou a minha. Compreendo que "se, pois, o

Filho vos libertar, verdadeiramente sereis livres", "e conhecereis a verdade e a verdade vos libertará" (JOÃO, BEA-1999 p. 152 NT). Para que esse fato seja evidente, devemos permanecer nas palavras de Jesus, sendo como alunos, seguindo seus ensinamentos e imitando seus exemplos.

Os fatos narrados por Mateus, Marcos, Lucas e João retratam ações de Jesus em relação a pessoas que se posicionaram para mudar de vida. Tais fatos foram registrados por esses autores para que possamos refletir sobre o que Jesus pode fazer através de Seu poder, afinal, só Nele é possível encontrar a única esperança de mudança de vida. Os fatos registrados no livro são sinais que Jesus deixou para que possamos crer em sua divindade.

"Na verdade, fez Jesus diante
dos discípulos muitos outros
sinais que não estão escritos

O LIVRO "Uma mudança de vida"

neste livro.
Estes, porém, foram
registrados para que creiais
que Jesus é o Cristo, o Filho
de Deus, e para que, crendo,
tenhais vida em seu nome"
(JOÃO, BEA-1999 p. 142 NT).

Reflita a respeito do que está descrito no escopo das narrativas aqui mencionadas. Ainda, concito todos a ler as narrativas de Mateus, Marcos, Lucas e João, que estão escritas no livro denominado Bíblia.

Contudo, faça como Jesus, crendo no Deus Único, já que, como o próprio Cristo disse: "E aquele que me enviou está comigo, não me deixou só, porque eu faço sempre o que lhe agrada" (JOÃO, BEA-1999 p. 152 NT).

REFERÊNCIAS

BÍBLIA de Estudo Almeida. Barueri-SP. Sociedade Bíblica do Brasil, 1999. Disponível em: https://www.bibliaonline.com.br/ara/lc. Acesso em 18 de agosto de 2020.

MARTINS, Emílio Gomes. Erenkon: um estudo da estrutura composicional Parixara e Tukui dos povos indígenas Taurepang e Makuxi – Boa Vista, 2019. Disponível em: https://sucupira.capes.gov.br/sucupira/publi c/consultas/coleta/trabalhoConclusao/viewTr abalhoConclusao.jsf?popup=true&id_trabalho= 7672203-. Acesso em 18 de agosto de 2020.

EMILIO GOMES MARTINS

Graduação em Música pela Universidade de

Brasília (2014); Especialista em Docência na Educação Superior pelo Centro Universitário Claretiano (2016); e Mestrado em Letras pela Universidade Federal de Roraima - Linha 2 - Literatura, Arte e Cultura Regional (2019). Atualmente é professor/monitor do Curso de Formação e Graduação de Sargentos (CFGS) da Escola de Sargentos de Logística - Exército Brasileiro. Tem experiência na área de Literatura, Arte e Cultura Regional, com ênfase em Música, atuando principalmente nos seguintes temas: canto indígena, identidade e composição indígena, articulando estudos culturais e literários, educação musical, educação a distância, ensino coletivo, composição musical, transcrição e instrumentação, edição de partitura, instrumento de sopro e regente de banda de música. Foi pesquisador Bolsista do CNPq, no Projeto 'Panton Pia'(Junto ao lado da história) sob a orientação do professor Doutor Devair Antônio Fiorotti - Bolsista Produtividade (2) do

CNPq, trabalhou com coleta e sistematização de dados sobre os indígenas das terras São Marcos e Raposa Serra do Sol: narrativas, cantos indígenas tradicionais, dança.